児童・生徒向け **TTST**

社会にはばたくための

対人関係
トレーニング
サポート集

木下 智子 監修

宮田 愛 著

JN050326

この本の使い方

●この本は、『教師のための対人関係トレーニングサポート集 TTST』（以下、『TTST』）の児童・生徒向けとなるテキストです。自立活動の内容を踏まえた指導事例を 84 事例掲載している、前作『TTST』の内容を、目の前の児童・生徒の実態に応じた指導を行うために活用できます。経験年数や元々備えているスキル等にかかわらず、全ての先生方が子どもたちに一定水準以上の指導を行うことができることを目的としています。

　本書の各項目の右上に、前作『TTST』の該当ページを記載していますので、具体的なご参照のうえ、授業でご使用ください。

●挿み込み部分「生活適応支援チェックリスト」の色分けは、各章ごとの色分けと共通になっており、どのカテゴリーに取り組めばよいか一目で分かるようになっています。

使用例

本書　　　　　　　　　　　　　　　　　　　　　　　『教師のための対人関係トレーニングサポート集 TTST』

目次

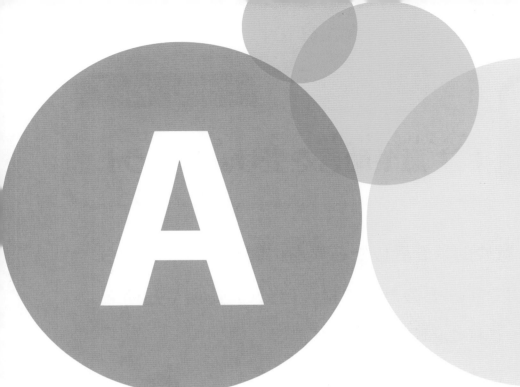

A

他者とのかかわりの
基礎に関すること

事例 A－3 (3)

「注意や助言を受け止めよう」

注意や助言を受けたら素直に聞き入れることも大切です。そのためには、自分の長所や短所を知っておく必要があります。

ここではチェックリストを使って自分の課題を確認しましょう。

学習のねらい

自分のことを理解しよう

学習内容

① チェックリストで自己評価をする

② 他者評価と自己評価を比べる

③ ワークシート（課題克服シート）に自己の課題を記入する

① 17ページのチェックリストで自己評価をする

生活適応支援チェックリスト

名前（　　　　　　　　　　）

4：できる　3：だいたいできる　2：少しむずかしい　1：むずかしい

事例集との対応		対人関係に関する内容	第　回 年　月　日				評価がズレている項目に✓	克服したい課題に〇
	No.		4	3	2	1		
A	1	人に何かしてもらった時に、お礼を言うことができる						
	2	他の人と協力しなければならない場面で、協力することができる						
	3	相手と意見が対立した時に、折り合いをつけることができる（譲ったりすることができる）						
	4	禁止されていることを守ることができる						
	5	相手からの誘いを断る時に、早めに伝えたり、言い方を考えたりすることができる						

「できる」ものには「4」に〇、

「だいたいできる」ものには「3」に〇、

「少しむずかしい」ものには「2」に〇、

「むずかしい」ものには「1」に〇をつけましょう。

② 先生や友達に他者評価をしてもらい、自己評価と比べる

自己評価　　　他者評価

生活適応支援チェックリスト

名前（　　　　　　　　　　）

4：できる　3：だいたいできる　2：少しむずかしい　1：むずかしい　　3：だいたいできる　2

事例集との対応		対人関係に関する内容	第　回 年　月　日				評価がズレている項目に✓	克服したい課題に〇	第　回 年　月　日			
	No.		4	3	2	1			4	3	2	
A	1	人に何かしてもらった時に、お礼を言うことができる		〇						〇		
	2	他の人と協力しなければならない場面で、協力することができる	〇				✓			〇		
	3	相手と意見が対立した時に、折り合いをつけることができる（譲ったりすることができる）	〇							〇		
	4	禁止されていることを守ることができる										
	5	相手からの誘いを断る時に、早めに伝えたり、言い方を考えたりすることができる	〇				✓		〇			

比べてみましょう。〇の場所が

違う所には✓をつけましょう。

〇の場所はたくさん

ずれていても OK。

特に2以上ずれているところ

に注目しましょう！

③ ワークシート（課題克服シート）に自己の課題を記入する

★ポイント★
自己評価と、他者評価を比べて、○の場所がずれていたところに注目しましょう。

注意や助言を受け止めよう

名前（　　　　　　　）

克服したい課題（チェックリストの中から、「克服したい！」「克服できそう！」な項目を選んで書きましょう）

（例）相手の話を最後まで聞く

具体的な状況（日常生活の中で、具体的に「どんなとき」に、「どのようなこと」ができるようになりたいか書きましょう）

（例）「給食のとき」に、「クラスの友達の話に途中で割り込まない」ようにする

克服するための方法	結果の予測	選択判断
（例）興味がない話でも相槌をして聞く	（例）興味がない話には、途中で他の話をしたくなるかもしれない	(◎ Ⓞ △)
		(◎ ○ △)
		(◎ ○ △)
		(◎ ○ △)

<今後の計画>課題を克服するために、具体的に何をするのかを書きましょう

★ポイント★
ペアの友達や先生と相談しながら考えてみましょう。

自分の課題を知ることで、注意をされたときに素直に受け入れられるようになろう。

この課題を改善したい（これができるようになりたい！）という目標を立てましょう。

自己評価と他者評価の○の場所がずれている項目について、友達や先生、家族の意見を聞いてみよう。

注意や助言を受け止めよう

名前（　　　　　　　　）

克服したい課題 （チェックリストの中から、「克服したい！」「克服できそう！」な項目を選んで書きましょう）

（例）相手の話を最後まで聞く

具体的な状況 （日常生活の中で、具体的に「どんなとき」に、「どのようなこと」ができるようになりたいか書きましょう）

（例）「給食のとき」に、「クラスの友達の話に途中で割り込まない」ようにする

克服するための方法 ▶	結果の予測	選択判断
（例）興味がない話でも相槌をして聞く	（例）興味がない話には、途中で他の話をしたくなるかもしれない	(◎ 〇 △)
		(◎ 〇 △)
		(◎ 〇 △)
		(◎ 〇 △)

＜今後の計画＞課題を克服するために、具体的に何をするのかを書きましょう

事例 A－4 (1)

ルールを理解しよう

毎日の学校生活や、社会人になったときの生活の中で、身の回りのルールを守ることは大切です。
そこで、まずは身の周りのルールを確認しましょう。

**学習の
ねらい**

社会的なルール違反ではなく犯罪には当たらないこと、たとえばお金の貸し借りのトラブル、男女交際におけるトラブルなどで悩んでいる大人は少なくありません。「社会のルール」について、しっかりと理解しましょう。

社会のルールを理解しよう

学習内容

① どんな社会人になりたいか、考える

② 社会のルールを思い出して付箋紙に書く

③ ４人程度のグループで付箋紙を模造紙に貼り、ルールの仲間分けをする

④ なぜルールがあるのか考える

① どんな社会人になりたいか、考える

こんな社会人（大人）になりたい！と思う先生がいたら、記入します。

たとえば

●身だしなみに気を付けること
●約束を守ること
など

●なりたい社会人について考えよう

どんな社会人になりたいですか？

例 （時間を守ることができる）社会人

（　　　　　　　　　）社会人
（　　　　　　　　　）社会人
（　　　　　　　　　）社会人

たとえば、

先生みたいな社会人

こんな社会人になるために、何が大切？

●_____について考えよう

身のまわりのルールには何があるだろう

① グループをつくる
② 付箋紙にルールを書く
③ 付箋紙を模造紙に貼る

② 社会のルールを付箋紙に書く

たとえば、
公共交通機関では携帯電話をマナーモードにする、人やお店のものを盗まない、怒っても暴力をふるわない、
など。

<記入の例>

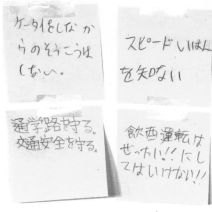

ケータイをしながらのそうこうはしない。

スピードいはんをしない

通学路守る。交通安全を守る。

飲酒運転はぜったい！！にしてはいけない！！

できるだけたくさん書こう！

③ 4人程度のグループで付箋紙を模造紙に貼り、ルールの仲間分けをする

【グループ分けの例】
交通ルール、公共の場のルール、
情報モラル上のルール、等

<グループ分けの例>

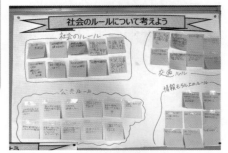

グループで協力すること
が大切です。

④ なぜルールがあるのか考える

事故が起きず安全に過ごす
ために交通ルールがある、
など、「ルールの大切さ」を
考えましょう。

このルールは絶対守る！という
決意を記入しましょう。

●社会のルールの役割について考えよう

① グループになる
② 付箋紙にルールを書く
③ 付箋紙を模造紙に貼る
④ 仲間分けをする
⑤ 発表する

たとえば、交通ルールがなかったら、
どうなるか考えてみましょう。

❶ _____
❷ _____
❸ _____

ルールはなんのためにあるだろう

（   ）のため
（   ）のため

わたしは＿＿＿＿＿＿＿を守ります！

●なりたい社会人について考えよう

どんな社会人になりたいですか？

例 （時間を守ることができる）社会人

（　　　　　　　　　）社会人　　　たとえば、

（　　　　　　　　　）社会人

（　　　　　　　　　）社会人　　　先生みたいな社会人

こんな社会人になるために、何が大切？

●＿＿＿＿＿＿＿＿＿＿＿＿＿＿について考えよう

身のまわりのルールには何があるだろう

① グループをつくる
② 付箋紙にルールを書く
③ 付箋紙を模造紙に貼る

●社会のルールの役割について考えよう

> ① グループになる
> ② 付箋紙にルールを書く
> ③ 付箋紙を模造紙に貼る
> ④ 仲間分けをする
> ⑤ 発表する

たとえば、交通ルールがなかったら、
どうなるか考えてみましょう。

❶	
❷	
❸	

ルールはなんのためにあるだろう

（　　　　　　　　　　　　　　　　） のため

（　　　　　　　　　　　　　　　　） のため

わたしは＿＿＿＿＿＿＿＿＿＿を守ります！

B

他者の意図や感情の
理解に関すること

事例 B－7 (3)

他者の気持ちを読み取ろう

コミュニケーションをとる際、相手の表情だけでなく、その時の状況などから相手の気持ちを考えることが必要です。

ここでは、演習をとおして、その場の状況から相手の気持ちを考える学習をします。

学習の
ねらい

相手の気持ちを想像する

学習内容

① 物語文を読み、ワークシートに取り組む

② ペアトークに取り組む

① 物語文を読む

<物語文（☆1）>
　香奈さんは、久美子さんと学校から一緒に帰る約束をしていました。
　しかし、久美子さんは約束をうっかり忘れて、他の友達と帰ってしまいました。
香奈さんは久美子さんをずっと待っていましたが、なかなか来ないので、がっかりして一人で帰りました。

【ワークシート】

問題① 香奈さんは、久美子さんが来なかったとき、どんな気持ちだと思いますか？

問題② それは文章中のどこから分かりますか？抜き出しましょう。

問題③ 久美子さんのどんな行動が問題ですか？

問題④ 久美子さんは、このあとどうすればよいと思いますか？

<正しい謝り方とは？>実際に隣の友達とロールプレイをしましょう。

<物語文（☆2）>

　香奈さんは、久美子さんと仲良しです。いつもは部活動の関係でなかなか一緒に帰ることができませんが、この日は部活動が休みのため、久しぶりに学校から一緒に帰る約束をしていました。

　しかし、久美子さんは約束をうっかり忘れて、他の友達と帰ってしまいました。香奈さんはとても楽しみにしていたので、なかなか来ない久美子さんを30分以上待っていましたが、他の友達から「久美子さんは30分以上前に他の友達と帰っていったよ」と聞きました。香奈さんは肩を落として一人で家に帰りました。

【ワークシート】

問題① 香奈さんは、久しぶりに久美子さんと帰ることをどう思っていましたか？

問題② それは文章中のどこから分かりますか？抜き出しましょう。

問題③ 久美子さんが他の友達と帰ってしまったことを知って、香奈さんはどんな気持ちだと思いますか？

問題④ それは文章中のどこから分かりますか？抜き出しましょう。

問題⑤ 久美子さんは香奈さんに、どのように謝ればよいでしょうか。

② ペアトークに取り組む

<テーマ>
「相手の気持ちを考えた行動の大切さについて」

① 久美子さんのように、友達を傷つけたり悲しませたりした
エピソードがあれば意見交換をする。

② 香奈さんのように、友達から悲しい気持ちにさせられたこ
とがあれば意見交換をする。

③ 「相手の気持ち」を考えた行動とは、何かについて話し合う。

〈話し合いの例〉

小学生のころ、約束を守
らなかったときに、友達
を悲しませてしまったこ
とがあったよ。

自分の気にしていること
をはっきりと言われたと
きに、傷付いたことが
あったなあ。

SNSを用いた友達との付き合い方を考えよう

十分な知識がないまま、※SNSを活用して、友達を傷付けてしまったり、自分自身が悲しい思いをしたりすることがあります。ここでは、そのようなことを防ぐために、SNSの正しい使い方や注意点を学習しましょう。

※ SNS ＝ソーシャルネットワーキングサービス

学習のねらい

・SNSに関する正しい知識を身に付ける
・SNSを正しく活用し、友達と良い関係を保つことができる

学習内容

① インターネットの特徴を知る
② インターネットの正しい活用方法を知る

① インターネットの特徴を知る

インターネットはとても便利です。しかし、利用するときは気をつけなければならないこともあります。どんな特徴があるのか、確認してみましょう。

❶ 世界中の人が見ることができる

ネットへの書き込みや、アップロードした写真などは、世界中の人が見ることができます。

❷ 一度出回った情報は絶対に消せない

ネットの掲示板に書き込んだコメント、アップロードした写真などは、絶対に消すことができません。消したつもりでも、誰かが他の人に転送していたり、知らない人のパソコンや携帯などに保存されていたりすると、それは消すことができないのです。

出典:「SNS東京ノート2」東京都教育委員会

このように、インターネットは情報を世界中の人と共有することができたり、知りたいことをすぐに調べたりすることできるため、大変便利です。

しかし！ インターネット上の情報を、誰でも見ることができるということは、「うっかり」書き込んでしまったこと、「つい」アップロードしてしまった写真も、世界中の人が見ている ことを忘れてはいけません。

考えてみよう

ネットに書き込みをするときは、どんなことに気をつけますか？
（2つ以上書いてみましょう）

② インターネットの正しい活用方法を知る

インターネットは正しく活用すると、大変便利です。
次のような使い方もあります。

❶ 知りたいことが簡単に調べられる

パソコンやスマートフォンなどで、インターネットを使って知りたいことがすぐに調べられます。

❷ 「口コミ」の情報を、お店や品物などを選ぶ時に参考にできる

美容院や歯医者など、どこがよいかを調べたいときや、どの品物を買おうか迷ったときに、インターネットの「口コミ」を参考にすることができます。

❸ 在宅勤務（テレワーク）という方法で、自宅などで仕事ができる

会社にもよりますが、体が不自由な方や、子育てや介護などで自宅での仕事を希望したいとき、テレワークという方法で仕事ができます。

❹ **友達や会社の同僚などとのコミュニケーションの手段にできる**

メールや電話だけでなく、「ライン」や「フェイスブック」を使って友達や会社の同僚などとコミュニケーションを広げることができます。

ここで注意 ⚠

<プライバシーの書き込みの注意点について>

インターネットで公開した情報は、いろいろな人が閲覧する可能性がある。そのため、インターネット上で、氏名、年齢、住所、電話番号、自分の写真といった作成者自身の個人に関する情報を公開することの危険性について、きちんと認識しておかなければならない。インターネット上に情報が公開されていることに変わりはないということを念頭に置いて、書き込む内容には十分注意をしながら利用することが大切。

出典：「SNS東京ノート2」東京都教育委員会

考えてみよう

ネット上でコミュニケーションをとるときに、特にどんなことに気をつけたいですか？

_____

_____

自己の理解と行動の調整に関すること

事例 C−13 (1)

自分の気持ちを把握しよう

人とうまくつきあうためには、自分の感情を
コントロールすることが大切です。
そこで、まずは「自分の気持ち
を把握」しましょう。

**学習の
ねらい**

自分の気持ちを把握する練習をする

学習内容

① 気持ちのバロメーターシートをつくろう

② グループで話し合おう

③ 感情のコントロールシートをつくろう

① 気持ちのバロメーターシートをつくろう

どんな気持ちのときかを
記入する。

例：楽しいとき

　　怒っているとき

ここに記入する

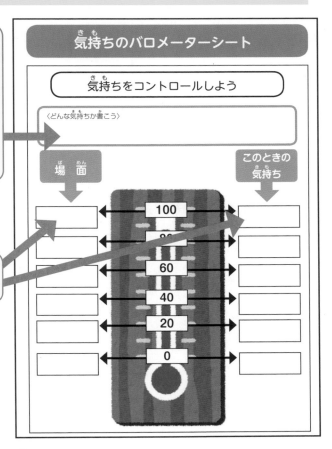

気持ちのバロメーターシート

気持ちをコントロールしよう

〈どんな気持ちか書こう〉

場面　　　　　　　　　このときの気持ち

100

60

40

20

0

② グループで話し合おう

おたがいのバロメーターシートについて発表します。
参考になることがあればメモをとりましょう。

③ 感情のコントロールシートをつくろう

「気持ちのバロメーターシート」を見て記入しましょう。

「気持ちの切り替えスイッチ」を考えて記入しましょう。

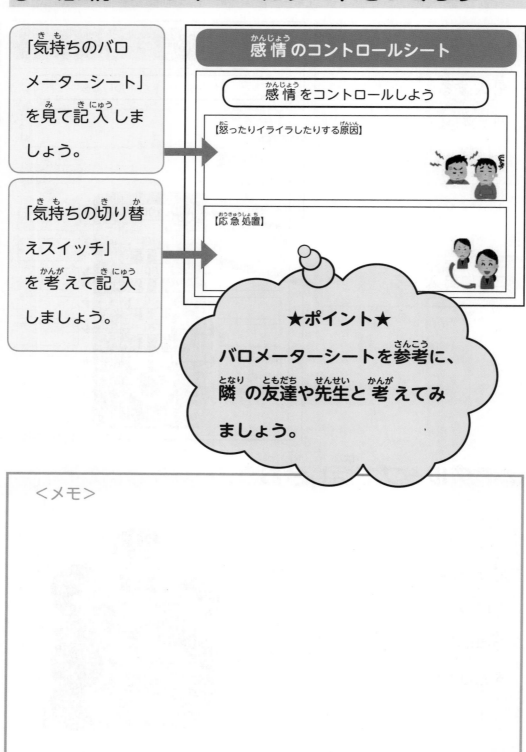

感情のコントロールシート

感情をコントロールしよう

【怒ったりイライラしたりする原因】

【応急処置】

★ポイント★

バロメーターシートを参考に、隣の友達や先生と考えてみましょう。

<メモ>

気持ちのバロメーターシート

気持ちをコントロールしよう

〈どんな気持ちか書こう〉

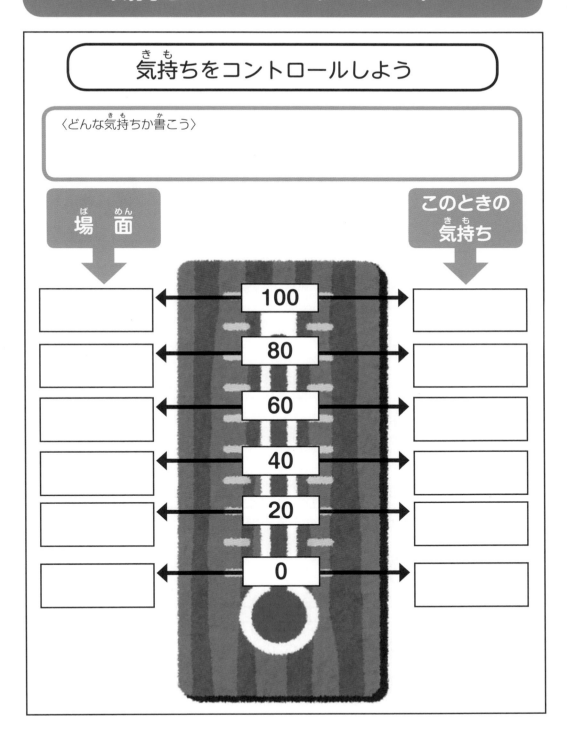

場　面

このときの
気持ち

100

80

60

40

20

0

感情のコントロールシート

感情をコントロールしよう

【怒ったりイライラしたりする原因】

【応急処置】

【自分の性格・特徴など】

【適切な怒りの表現方法】

【ロールプレイをとおして考えたこと】

【メモ欄<ruby>らん</ruby>】

私の説明書を作ろう

自分の得意なこと、苦手なことを相手に伝えることは大切です。ここでは、自分のことを相手にスムーズに伝えることができるように、「私の説明書」を作成しましょう。

学習のねらい

自分のことを相手に説明するための
「私の説明書」を作る

学習内容

① 「私の説明書」を作ろう
② 自分のことを周りの人に伝えてみよう

① 「私の説明書」を作ろう

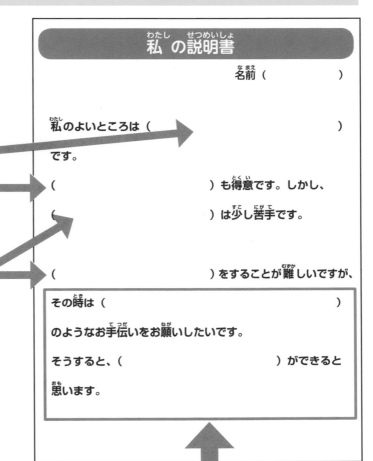

自分のよいところがわからない、記入できないときは、先生や友達に教えてもらいましょう。

自分の苦手なこと、一人で行うことが難しいことを記入しましょう。

私の説明書

名前（　　　　　　　）

私のよいところは（　　　　　　　　　　　　　　）です。

（　　　　　　　　　　）も得意です。しかし、

（　　　　　　　　　　）は少し苦手です。

（　　　　　　　　　　）をすることが難しいですが、

その時は（　　　　　　　　　　　　　）

のようなお手伝いをお願いしたいです。

そうすると、（　　　　　　　　　　）ができると

思います。

一人では難しいことも・・・

手伝ってもらえたらできる！

② 自分のことを周りの人に伝えてみよう

作成した「私の説明書」を見ながら、ペアやグループの友達に自分のことを伝えてみましょう。

「私の説明書」を見なくても、自分のことを相手に伝えられるように、練習をしましょう。

進路指導部の先生等に「私の説明書」を事前に見てもらえるといいですね。

私 の説明書

名前 （　　　　　　　　）

私のよいところは （　　　　　　　　　　　　　　　　　）

です。

（　　　　　　　　　　　） も得意です。しかし、

（　　　　　　　　　　　） は少し苦手です。

（　　　　　　　　　　　　　） をすることが難しいですが、

その時は （　　　　　　　　　　　　　　　　）

のようなお手伝いをお願いしたいです。

そうすると、（　　　　　　　　　　　　　） ができると

思います。

【メモ欄】

D

集団への参加の基礎に関すること

自分の知らない良い所を知ろう

集団生活では一人一人に「役割」があり、全員が必要な存在です。「人の役に立つ社会人」になるために、ここではお互いの良い所を認め合う活動をとおして、自分の長所を確認しましょう。

学習のねらい

自分の良い所を知り、自信を付ける

学習内容

① グループの友達全員の良い所を、付箋紙1枚に1つ以上記入する

② 先生が読み上げる内容を聞きメモをとる

① グループの友達全員の良い所を、付箋紙 1枚に1つ以上記入する

4人グループ、クラス全員など、指定された人数で取り組みます。

友達ひとりに対して付箋紙 1枚使います。良い所を 1つ以上書きましょう。

ポイント

● 書かれて「うれしい！」と思うことを書こう！

● どんな小さなことでも OK！書いて伝えることが大切

● 書くことが恥ずかしいときは、名前を書かない（匿名）でよいか、先生に相談しよう

② 先生が読み上げる内容を聞きメモをとる

誰が書いたものなのか、先生は言いません。「誰が書いてくれたものなのかな」、と、気にするよりも、

友達が書いてくれた「自分の良い所」に

注目し、忘れないようにメモを取りましょう。

人を認めることと同時に、

自分の良い所をしっかりと

知っておくことが大切です。

助けられるばかりでなく、

「人の役に立ちたい」、という

気持ちがもてるとよいです。

【メモ欄<ruby>らん</ruby>】

事例 D−17 (2)

会話のルールを身に付けよう

コミュニケーションをとるうえで、人の話に割り込まないことや、一方的に話し続けない、といった「会話のルール」を身に付けることは大切です。

ここでは「会話のルール」について学習しましょう。

学習のねらい

「会話のルール」を身に付けよう

学習内容

① グループになり、話をする際のルールを理解する

② 提示されたテーマについて、ルールを守ってグループで会話を続ける

① **グループになり、話をする際のルールを理解する。**

<会話のルール> （例）

1 相手の話の途中で割り込まない

2 相手の話を否定しない

3 「なるほど〜」と思ったら、うなずいたり、相槌をうったりする

4 会話を続ける努力をする

① Aさんはとんこつラーメンが好きなんですよね。

④ 私は味噌ラーメンが好きだけど、今度とんこつラーメン食べに行ってみようかな。

③ へえ〜そうなんだ！

② そうなんです。特にこってりした味付けのとんこつラーメンが好きなんです。

Aさん

このルールを守りながら、次のように進めます

① バトンを持っている人が話をする

② トーキングタイムは1分間

③ バトンを持っていない人は話を聞く

② 提示されたテーマについて、ルールを守ってグループで会話を続ける。

テーマの例
・好きなテレビ番組について
・好きな食べ物、乗り物について
・最近ハマっていることについて

ポイント

● バトンを持っている人だけが話をする

● 1分間以上話をしない

● バトンを持っていない人は途中で割り込まず、最後まで話を聞く

振り返ろう
【自己評価シート】

4：できる　3：だいたいできる　2：少しむずかしい　1：むずかしい

No.		4	3	2	1
1	会話のルールが理解できた				
2	相手の話を最後まで聞くことができた				
3	会話を続けようと努力することができた				
4	一人で長い時間話を続けることなく、他の人にバトンが渡せた				

当てはまるところに○を記入しましょう

【メモ欄】

周囲に助けてもらう力を付けよう

私たちはみんな、人に助けてもらったり、助けたりしながら生活をしています。周囲の人から支援を受けることは恥ずかしいことではありません。

ここでは、助けられること、助けることについて、演習をとおして考えます。

学習のねらい

自分から周囲に助けを求める力を付ける

学習内容

① 人に助けてもらったり、助けたりしたエピソードを記入し、発表する

② ディスカッションをする

① 人に助けてもらったり、助けたりした エピソードを記入し、発表する

＜思い出してみよう＞

どんな時に助けてもらったか / 助けたか

（記入欄）

そのとき、どんな気持ちだったか

（記入欄）

〈エピソードの例〉

視覚障害のある方が困っていたので、勇気を出して「手伝いましょうか？」と言ったら、「助かります」と言ってもらって、嬉しかった。

足を怪我した時に車いすで病院内をうまく移動できなかった。知らない人が「手伝いましょうか？」と言ってくれたので、とても助かった。

② ディスカッションをする

下の　　　　　　　に記入したシートを基に、グループで発表し合いましょう。

人に助けてもらったとき、どんな気持ちだった？

人を助けたときは、どんな気持ちだった？

ディスカッションをとおして、

人に助けてもらうことは

(

　　　　　　　　　　　　) ということが分かった

こんなとき、どうする？記入してみましょう。

	こんなとき	どうしたらよいのか、具体的に書きましょう。
①	点字ブロックの上に自転車があり、前に進めなくなった人を見かけた時	
②	実習や職場での指示をうまくメモできない時	
③	初めて乗る路線で、字も読めず目的地に辿り着けない時	

【メモ欄<ruby>らん</ruby>】

E

じ こ り かい
自己理解

ネガティブを
ポジティブに変えよう

人はみんな、苦手なことや嫌いなものがあります。しかし、考え方を少し変えるだけで、ネガティブなこと（否定的なこと、消極的なこと）が、ポジティブなこと（肯定的なこと、積極的なこと）に変換できる、ということに気付くことで、自己肯定感（自分に自信をもつこと）を高めることができます。

**学習の
ねらい**

・ネガティブなことをポジティブな
　ことに捉え直すことができる
・自己肯定感を高める
　（自分に自信がもてるようになる）

学習内容

「ネガポジゲーム」に取り組む

ネガポジゲーム❶

ネガティブなこと（ここでは「細かい性格」）を、ポジティブなこと（肯定的なこと、積極的なこと）に言い換えてみよう！

私って、細かい性格なの。いろいろなことが気になってイライラするの。

でも、「細かい性格」って、考え方によっては・・・

_____

_____

_____

_____

_____

ネガポジゲーム❷

自分に自信がつく！「自己リフレーミング」表を作ろう。

ネガティブ	ポジティブ
うるさい	元気がいい！
がんこな人	
ケチだ	
なれなれしい	
でしゃばりだ	
すぐ飽きる	
だまされやすい	

ネガポジゲーム❸

<ゲーム「ネガポジゲーム」>ルール

① 先生に指名された人が、苦手なことを（ネガティブなこと）を1つ発表する。
（例：細かいことを気にしてしまう）

② 「自分もそう！」と思う人はサークルに入る。

③ サークルの外の人は、発表されたネガティブなことを、ポジティブなことに言い換える。
（例：細かいところに気配りができる）

④ サークル内の人は、「なるほど！」と思う意見に相槌を打ち、サークルを出る。

⑤ サークルの中の人が全員外に出るまで、ポジティブなことに言い換え続ける。

⑥ 次は、サークルに入らなかった人の中からネガティブなことを1つ発表する。

【メモ欄】

F

身だしなみ

事例 F－24 (3)

理想の大人になろう

「素敵な社会人」になるためには、具体的な理想の大人のイメージをもち、それを目指すことが大切です。ここでは、写真やイラストなどを用いて「理想の大人」のイメージを完成させましょう。

学習のねらい

理想の大人のイメージを具体的にもつ

学習内容

① 「私の理想の大人」について、ワークシートを作成する

② ワークシートを基にディスカッションをする

① 「私の理想の大人」について、ワークシートを作成する

先生が用意した雑誌や家にある広告などから切り取って貼りましょう。

貼った写真のような大人になるために、自分ができそうなことを記入しましょう。

理想の大人を目指そう

名前（　　　　　　）

理想の大人の写真やイラストを貼りましょう

| 写真 |

こうなるために　　　　　　こうなるために

＜友達からのアドバイス＞

例

毎日彦頁を流う。

適度な運重力

例

＝先彦頁をよくするようにする。

運動をしっかりする。

髪型をきちんと整える。

食事を ちえてよい食事をする。

② ワークシートを基にディスカッションをする

作成したワークシートを見ながら、グループの友達とお互いにアドバイスをします。

<友達からのアドバイス>に記入しましょう。

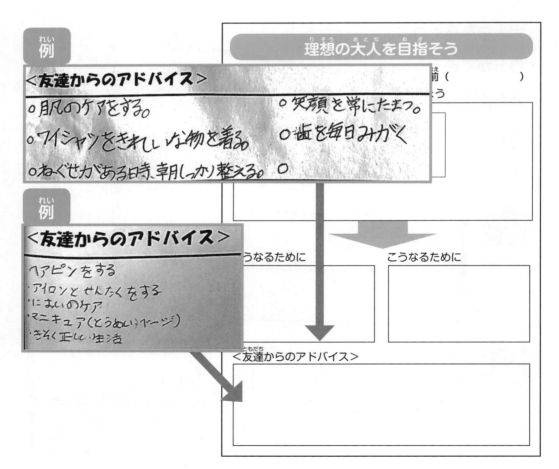

例

<友達からのアドバイス>

○肌のケアをする。　　　　　○笑顔を常にたもつ。

○ワイシャツをきれいな物を着る。　○歯を毎日みがく

○ねぐせがある日時、朝しっかり整える。　○

例

<友達からのアドバイス>

・ヘアピンをする
・アイロンとせんたくをする
・においのケア
・マニキュア(とうめいカラー)
・きそく正しい生活

理想の大人を目指そう

名前 (　　　　　　)

こうなるために　　　　　こうなるために

<友達からのアドバイス>

理想の大人を目指そう

名前（　　　　　　　　　　）

理想の大人の写真やイラストを貼りましょう

写真

こうなるために

こうなるために

＜友達からのアドバイス＞

【メモ欄<ruby>らん</ruby>】

G

障害の特性の理解と
生活環境の調整に
関すること

事例 G−27 (1)

自分のことをよく知ろう

自分にとって、得意なことや苦手なことを知ることは大切です。特に、自分が苦手なことを乗り越えるために、どんな手助けが必要なのか、知っておく必要があります。

ここではチェックリストを使って自分への理解を深めましょう。

学習のねらい

自分のことをよく知ろう

学習内容

① チェックリストで自己評価をする
② 困ったことをどのようにすれば改善できるかについて考える

① チェックリストで自己評価をする。

4：できる 3：だいたいできる 2：少しむずかしい 1：むずかしい

No.		4	3	2	1
15	自分の障害の特性（○○は得意だけど、○○は難しい、など）を知った上で行動できる				

ここに○がついた人は、この学習で
自分への理解をしっかり深めましょう。

② 困ったことをどのようにすれば改善できるかについて考える。

（1） 自分の特徴、個性はどんなところですか？

＜良いところ＞
＜苦手なことなど＞

たとえば、

　＜良いところ＞　長い時間集中ができる

　　＜苦手なことなど＞メモをするのが苦手

　　　　　　　　　　冗談が分からない　　など

（２） 自分の特徴によって、どんなことで困りましたか？

（１）の「苦手なこと」によって、困ったエピソードを思い出して記入します。

具体的に記入してみましょう。
（例）冗談を本気にしてしまい、怒ってしまった。
予定が急に変わるとどう動いてよいか分からなくなる。

（３） 困ったことは、どうしたら改善されるでしょうか。

ポイント

自分の力だけでは難しいことがあります。

周りの人に助けてもらうことも大切です。

自分のことをよく知ろう

名前（　　　　　　　　　）

① 自己評価をしましょう。

No.		4	3	2	1
1	自分の障害の特性（○○は得意だけど、○○は難しい、など）を知った上で行動できる				

② 自分の特徴、個性はどんなところですか？

<良いところ>

<苦手なことなど>

③ 自分の特徴で、どんなことで困りましたか？

④ 困ったことは、どうしたら改善されるでしょうか。

<ポイント>

　自分の力だけでは難しいことがあります。周りの人に助けてもらうことも大切です。

事例 G－27 (2)

自分にとって困難なことを知ろう

誰にでももうまくいかないこと、「困難」なことはあります。大切なのは、それを受け止めることです。ここでは自分の「困難」を受け止め、他者に、適切に助けを求める力を付ける学習をします。

学習の ねらい

自分の 「困難」 を受け止めよう

学習内容

① 自分にとって 「難しいこと」「苦手なこと」を確認する

② 自分の 「困難」 なことに対し、どのような手助けをしてほしいのか、周りの人に伝える練習をする

① 自分にとって「難しいこと」「苦手なこと」
を確認する。

> ① 自分にとって「難しいこと」「苦手なこと」を記入する。

①	
②	
③	

特に「困難」だと思うものに○をつけましょう。

② 自分の「困難」なことに対し、どのような手助けをしてほしいのか、周りの人に伝える練習をする。

＜特に「困難」だと思うことを書きましょう＞

○

＜「困難」なことに対して、どんな手助けがあるとよいでしょうか＞

（1）一人で考えて記入してみましょう

みんな、誰かに助けてもらっています。どんな手助けがあると、困難さが減ったりなくなったりするでしょうか。

（2）グループで発表し合いましょう

グループワークの流れ

① 一人ずつ、考えたことを発表する。

② 記入できなかったこと、考えるのが難しかったことについて、友達からアドバイスをもらう。

③ メモをする。

【メモ欄】

（3）どんな手助けがあると、「困難」なことが減ったり、
なくなったりするのか、具体的に書きましょう。

（4）ペアの友達とロールプレイをする

実際の場面で、してほしい手助けを相手に伝えることができるように、何度も練習します。

ポイント

ペアの友達で慣れてきたら、グループで練習したり、進路指導の先生に伝える練習をしたりすると、力が身に付きます。

【メモ欄】

ワークシート

「身なりを整えよう」

身だしなみチェックリスト（自己点検用）

初級		名前（　　　　　　　　）

◎：よくできた　　○：できた　　△：もう少し

1	朝、洗顔をしましたか	◎	○	△
2	朝、歯を磨きましたか	◎	○	△
3	爪は短いですか	◎	○	△
4	髪は整っていますか	◎	○	△
5	（男子） ひげは剃っていますか	◎	○	△
6	昨晩、入浴しましたか	◎	○	△
7	洗った服を着ていますか	◎	○	△

メモ

「身なりのアドバイスをしよう」

身だしなみチェックリスト（他者点検用）

名前（　　　　　　　　　）

◎：よくできた　　○：できた　　△：もう少し

			【コメント】	【チェックの基準】
1	衣服は 整っていますか	◎　○　△	【コメント】	・裾が出ていないか ・しみやしわがないか
2	髪型は 整っていますか	◎　○　△	【コメント】	・長い髪は結んでいるか ・寝癖がついていないか
3	爪は 短いですか	◎　○　△	【コメント】	・爪が伸びすぎていないか ・深爪していないか
4	(男子) ひげは 剃っていますか	◎　○　△	【コメント】	・ひげがきれいに剃られているか

「身だしなみについて考えようⅡ」

身だしなみについて考えよう

名前（　　　　　　　）

（　　　　　　　）

整髪料について

（必ず使用しなければならないものではありません。必要に応じて使用するようにしましょう。
髪質や髪の長さに合わせて使い分ける。（自分の髪型に近いイラストを選んで記入しましょう）

例：ヘアスプレー

例：ヘアワックス

例：水、寝癖直しスプレー

香水

プライベートではつけても構わないが、仕事のときはつけない。

服装

仕事では職場から指定された服装にする。
プライベートでもTPOに合わせた服装を心掛ける。